Theo
und die Sandmannshow

Martin Klein
Manuela Olten

TULIPAN VERLAG

Flugnachmittag

Theo hat Übernachtungsbesuch von seinen Freunden Nils und Henry. Der nächste Vormittag ist schulfrei, und die drei Freunde planen einen Besuch im Filmpark. Das ist ein Gelände mit vielen tollen Sachen, die man sonst nur im Fernsehen sieht. Theo freut sich besonders auf das Sandmännchenhaus.

„Pah!", ruft Henry. „Ich freu mich auf die Stuntmänshow! Die wird krass."
„Stuntmänshow?", fragt Theo. „Was ist das denn?"
„Lustig!", ruft Nils. „Kennt den Sandmän, aber keinen Stuntmän!"

„Ich erklär's dir, Theo", sagt Henry.
„Also: Wenn der Sandmann mit einem Superflitzer zweihundert Stundenkilometer schnell in einen brennenden Reifenstapel rasen würde, dann wär er ein Stuntmann! Kawumm! Der Sandmann überschlägt sich fünfmal, und sein Spitzbart fängt Feuer! Und doch krümmt sich der Sandmann-Stuntmann am Ende kein Härchen."

„Es heißt Stuntmän", verbessert Nils.
„Nicht Stuntmann."
Henry winkt ab. „Ist doch egal. Hauptsache, es rappelt im Karton! Alles klar?"
„Was denn sonst", sagt Theo.
„Kommt, wir spielen Stuntmänshow!"
Nils springt auf.
„Ohne Matte und Sicherheitsnetz!"

Er wirft sich knallhart auf den Fußboden und springt gleich wieder hoch. Dann macht er zwei Purzelbäume mit Anlauf, eine Rückwärtsrolle und einen Kopfstand mit gefährlichem Umfallen.
„Habt ihr das gesehen?!" Nils rappelt sich auf, fast so, als wäre nichts gewesen. Er hält sich nur ein bisschen den brummenden Kopf.

„Ich hab mich fünfmal überschlagen und sechsmal butterweich abgerollt. Genau wie in echt. Was sagt ihr dazu?"
„Toll", sagt Theo. „Aber du solltest auch noch das Zählen trainieren."
Am Nachmittag machen Henry, Nils und Theo ihren Lieblingsspielpatz zur Stuntmän-Arena. Sie springen unzählige Male gewagt von der Schaukel.

Spielzeugautos stürzen in felsige Abgründe, und harte Lederbälle fliegen durch die Gegend wie Kanonenkugeln. Die Stuntmänner weichen ihnen gekonnt aus. Akrobatisch hechten sie ein ums andere Mal in den Sand und tun sich dabei fast nicht weh. So vergeht der Nachmittag im Flug.

Etwas für Babys und Mamas

Schon ruft Theos Mama Anna zum Abendessen.
„Wollt ihr vorher Sandmännchen gucken?", fragt sie.
„Wie bitte?" Henry runzelt die Stirn.
„Hä?", macht Nils.

„Also wirklich, Mama", sagt Theo.
„Schade", erklärt die Mutter. „Ich finde den Sandmann gut. Aber wenn ihn außer mir keiner sehen will …"
„Das wusste ich noch gar nicht."
Nils schlendert zum Sofa und setzt sich so hin, dass er die beste Sicht auf den Fernseher hat.

„Der Sandmann ist nicht nur was für Babys, sondern auch für Mamas. Also wenn du ihn unbedingt anschauen willst, Anna: kein Problem für mich."
Nils' Familie hat keinen Fernseher.
„Zwei gegen einen." Henry setzt sich neben ihn. „Wenn's unbedingt sein muss, hab ich auch nichts dagegen."
Henry erlebt das Sandmännchen selten. Er hat einen großen Bruder, der zur Sandmannzeit lieber andere Sendungen guckt. Theo nimmt zwischen den beiden Freunden Platz und greift nach der Fernbedienung. Er richtet sie auf den Fernseher wie ein Stuntman, der eine Pistole hebt, und lässt seine Finger lässig über die Programmtasten zucken.
Wenig später ertönt das Sandmannlied.

„Wir haben jede Menge Zeit, Kumpel!",
ruft Henry, und Nils stellt klar:
„Wir müssen noch lange nicht ins Bett,
Sandmann! Wir nicht."

*Sandmann, lieber Sandmann,
es ist noch nicht so weit,
wir sehen erst den Abendgruß,
ehe jedes Kind ins Bettchen muss,
du hast gewiss noch Zeit.*

An diesem Abend schwebt das bärtige Männchen mit einem Hubschrauber herbei. Es schaltet wie immer einen altmodischen TV-Apparat ein, und der kleine Sandmann-Fernseher im großen, echten Fernseher zeigt wie immer eine kurze Geschichte. Anschließend streut der Sandmann Schlafsand aus und fliegt in seinem niedlichen Helikopter davon.

„Das alles gibt es wirklich!", schwärmt Theo. „Den Hubschrauber, die Landschaft, sogar den kleinen Holzfernseher! Das kann man alles im Filmpark anschauen."
„Nee, Theo", sagt Nils. „Das ist bloß Fernsehen."
„Nix als Tricks", meint Henry. „Ich kenn mich da aus."
„Das gibt's alles in echt!", beharrt Theo. „Morgen werdet ihr es sehen. Stimmt's, Mama?"
„Stimmt", sagt Anna und singt zusammen mit dem Sandmann den zweiten Teil des Liedes:

*Kinder, liebe Kinder,
es hat mir Spaß gemacht.
Nun schnell ins Bett
und schlaft recht schön,
dann will auch ich zur Ruhe gehn,
ich wünsch euch gute Nacht!*

Nils lehnt sich auf dem Sofa zurück. „Du kannst gern zur Ruhe gehen, Anna", sagt er. „Wir bleiben noch auf."
„Und zwar lange", erklärt Henry.
„Richtig lange", sagt Theo.

Und genauso geschieht es. Nils und Henry reden vor dem Einschlafen bis in die tiefe Dunkelheit über die Stuntmänshow. Henry hält dabei seinen einarmigen Orang-Utan Bobbele im Arm, und Nils umarmt Flösschen, seinen Plüsch-Killerwal ohne Flossen. Theos Kopf liegt auf dem großen, weichen Bauch von Arno, seinem Flickenbären. Kurz vor dem Einschlafen flüstert er: „Wenn man so überlegt, was der Sandmann alles macht … Der könnte glatt auch als Stuntmann arbeiten."
„Hoho", murmelt Henry.
„Witz oder was?", gähnt Nils. Dann schlafen die drei Freunde ein. Die drei Kuscheltiere bewachen ihren Schlummer. Der ist voll von abenteuerlichen Träumen, und das Sandmännchen hechtet mitten hindurch.

Sandmannshow

Es ist so weit. Theo, Nils und Henry stehen mit Anna am Eingang zum Filmpark. Hinter dem Kassenhäuschen erstreckt sich ein breiter Weg. Er ist von Filmfiguren gesäumt. Ein giftgrüner Drache fletscht ganz in der Nähe die scharfen Zähne. Nicht weit davon richtet sich ein Dino auf. Dahinter wartet ein Ritter mit gezücktem Schwert, und neben dem Eisenmann streckt ein Außerirdischer seine Tentakel nach den Besuchern aus. Weiter hinten ragt ein Berg aus grauem Pappmaschee auf.
„Das ist der Vulkan!", ruft Henry. „Da drin ist die Stuntmänshow!"
„Krass!", schreit Nils.

Auf einem Hinweis-Schild steht: Zum Sandmännchenhaus. Theos Mama läuft darauf zu: „Wie wär's, wenn wir ...", aber Henry ruft dazwischen: „Mein großer Bruder hat mir davon erzählt! Da gibt's echte Explosionen! Stürze in Schluchten! Kämpfe mit Tarnanzügen!!" „Nix wie hin!" Nils rennt los.

„Wir sichern uns die besten Plätze!"
Henry flitzt Nils hinterher.
Theo schaut zu seiner Mutter, die auf das
Sandmann-Schild zeigt. Dann rennt er
seinen Freunden nach.
„Komm schon, Mama!", ruft er über die
Schulter. „Oder traust du dich nicht?!"
Anna seufzt und macht sich auch auf
den Weg zum Vulkan.

In seinem Inneren befindet sich auf der einen Seite eine Zuschauertribüne. Auf der anderen gibt es eine Ruine und einen steilen Felsen. Davor ist ein staubiger Platz mit einer Feuerstelle, und rostige Fässer liegen herum. Dramatische Musik ertönt, und schon geht das Spektakel los.

Zuerst knattern rußgeschwärzte Piloten mit verbeulten Fahrzeugen auf dem Platz hin und her. Sie liefern sich eine wilde Verfolgungsjagd. Bremsen quietschen, Bleche krachen, und Schreie hallen durch den Vulkan.

Theo klettert auf Annas Schoß und nimmt ihre Hand. Das ist eine lässige Art zu zeigen, dass man seine Mutter mag. Bald darauf erklimmt ein Stuntgirl den steilen Felsen. Mehrmals rutscht sie ab. Nils schreit auf. Dann stürzt das Stuntgirl in die Tiefe. Nils japst nach Luft.

Anschließend explodieren die rostigen Fässer, und angekokelte Stuntmänner hechten aus den Fensterhöhlen der Ruine. Das ist mächtig aufregend. Doch Henry versteckt sich nur halb hinter seinem Sitz.

Nach der Show erholen die drei Freunde und Mama Anna sich bei einem Eis. Die Jungen sind etwas blass um die Nase.
„Suuuper!", seufzt Henry.
„Krrrass!", brummt Nils.
„Jetzt besuchen wir das Sandmännchenhaus", schlägt Theos Mama vor. Aber Henry, Nils und Theo wollen lieber lebensgroße Modelle von Killerdinos anschauen. Danach müssen sie unbedingt die furchterregenden Plastikinsekten sehen, die extra für den Film *Angriff der Monsterameisen* gebaut wurden, und anschließend ein fast echtes U-Boot besichtigen.
Inzwischen ist es Abend geworden.

Bald müssen die Besucher den Filmpark verlassen.

„Los, Leute, jetzt aber ab zur Sandmannshow!", ruft Anna. „Da gibt's die größte Action! Der beste Stuntmann ist der Sandmann!"

„Haha", machen Henry, Nils und Theo. „Witz, komm raus!"

„Unglaubliche Erlebnisse warten auf uns!", verkündet Anna. „Die Stuntshow ist ein Kinderpups dagegen."

„Hoho", sagen die Jungen wie aus einem Mund. „Wie lustig."

Aber Theos Mutter macht sich entschlossen auf den Weg. Henry, Nils und Theo trotten hinterher. Das Sandmännchenhaus liegt etwas abseits. Es dauert eine Weile, bis die Besucher es erreichen. Doch als sie es betreten wollen, steht ein Aufseher am Eingang. „Für heute ist Feierabend", sagt er. „Bitte verlassen Sie das Gelände."
Theo, Nils, Henry und Anna pressen schnell noch die Gesichter ans Fenster. Innen fällt gedämpftes Licht auf Häuser und Straßen, auf Bäume, Wiesen und Berge. Jede Menge Orte, die der Sandmann besucht hat, befinden sich hier. Und ein Haufen außergewöhnliche Fahrzeuge, die er gesteuert hat, wartet auf Besichtigung.

„Abgefahren", flüstert Henry.
„Krasse Show", murmelt Nils.
„Schnell nach Hause!", ruft Theo. „Vielleicht schaffen wir's noch!"
Die drei flitzen schneller los als Stuntmänner.
„Na so was", murmelt Anna. Dann rennt sie hinterher.
Sie kommen gerade rechtzeitig.

Nils holt rasch noch Flösschen herbei, und Henry greift nach Bobbele. Theo platziert den großen Arno auf dem Sofa

und lehnt sich gemütlich gegen seinen weichen Flickenbauch.
Heute handelt die Sandmann-Geschichte von einem kleinen König. Der wacht mitten in der Nacht auf und muss zur Toilette. Erst traut er sich nicht, allein

durch den dunklen Schlossflur zu gehen.
Aber dann pfeift er ein Lied und läuft
mutig los, fast ganz allein. Nur sein
Kuscheltier kommt mit. Als der kleine
König wieder erleichtert im Bett liegt,
ist die Geschichte zu Ende.

Kurz darauf ist auch die Sandmannshow für heute vorbei – doch die nächste kommt bestimmt.

Martin Klein, geboren 1962, verbrachte seine Kindheit im Ruhrgebiet und machte am Niederrhein Abitur. Er wurde Landschaftsgärtner, Diplom-Ingenieur und Autor. 1990 erschien sein erstes Kinderbuch Lene und die Pappelplatztiger. Viele weitere folgten. Martin Klein lebt in Berlin und Potsdam. Von Martin Klein ist im Tulipan Verlag bereits Theo und der Flickenbär und Rita das Raubschaf erschienen.

Manuela Olten, geboren 1970, lernte zunächst Fotografin, studierte dann Visuelle Kommunikation an der Hochschule für Gestaltung in Offenbach und machte dort im Sommer 2003 ihren Abschluss als Diplom-Designerin mit dem Schwerpunkt Kinderbuchillustration. Für ihr erstes Kinderbuch Echte Kerle erhielt Manuela Olten den Oldenburger Kinder- und Jugendliteraturpreis. Für den Tulipan Verlag illustrierte sie auch Theo und der Flickenbär und Keine Angst vor gar nichts.

© Tulipan Verlag GmbH, Berlin 2010
Alle Rechte vorbehalten
1. Auflage 2010
Text: Martin Klein
Bilder: Manuela Olten
Gestaltung: www.anettebeckmann.de
Druck: Grafisches Centrum Cuno GmbH & Co. KG, Calbe
ISBN 978-3-939944-48-5
www.tulipan-verlag.de

Dank an das Land Schleswig-Holstein für
die Förderung dieser Arbeit im Künstlerhaus
Kloster Cismar, an Andrea Kühnast
sowie an Gabi und Holger Marschall

TULIPAN ABC – Literatur für Erstleser

»Ungewöhnlich und literarisch anspruchsvoll – so präsentiert sich das Erstleseprogramm des Tulipan Verlags.«
spielen und lernen

Stufe A

Stufe B

Stufe C

Mehr unter www.tulipan-verlag.de